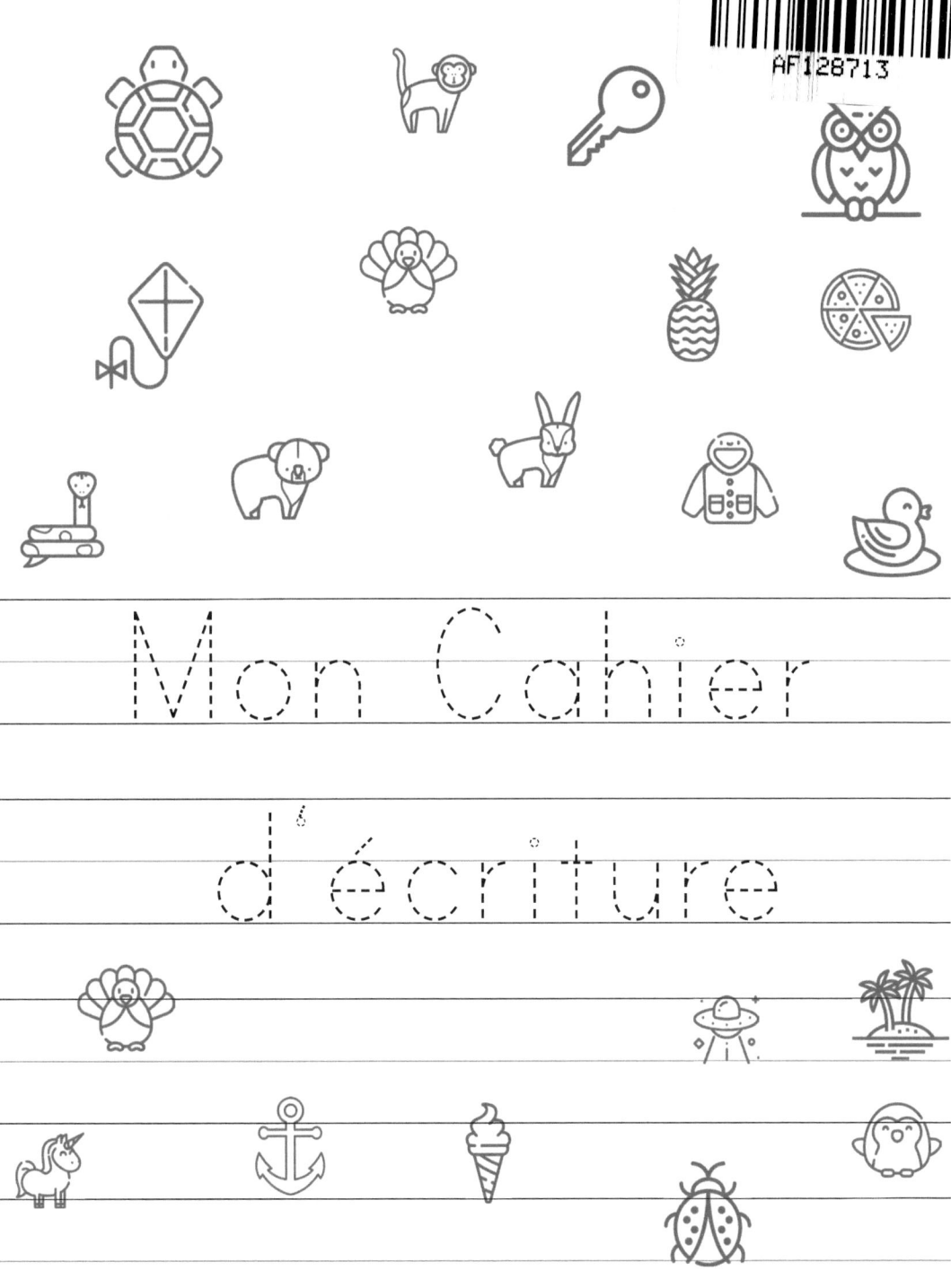

A

MOTS QUI COMMENCENT PAR   A

ANGE

B.....

MOTS QUI COMMENCENT PAR B

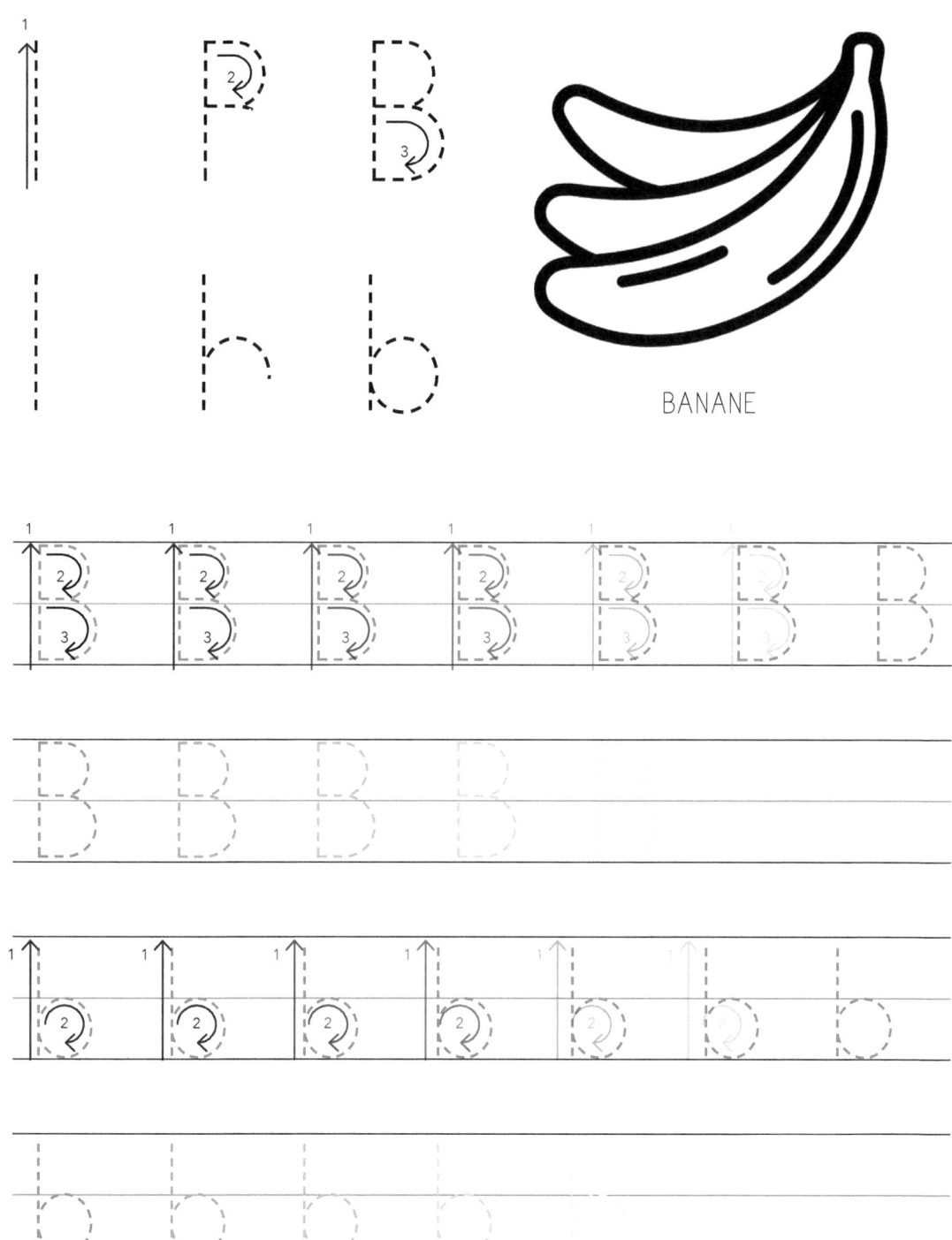

BANANE

BBBBBBBBBB

BBBBBBBBBB

BBBBBBBBBB

BBBBBBBBBB

BBBBBBBBBB

C .....
MOTS QUI COMMENCENT PAR C

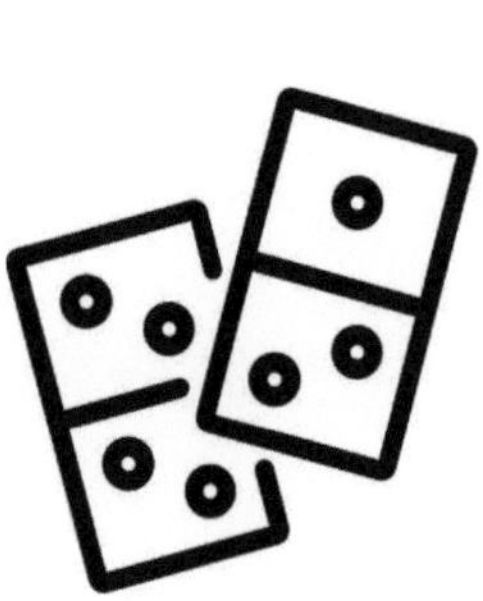

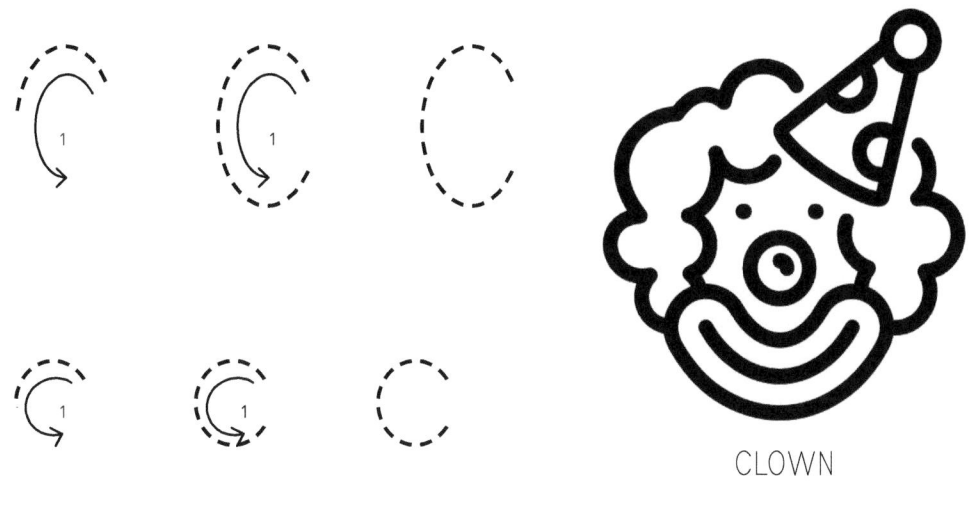

CLOWN

D......

MOTS QUI COMMENCENT PAR D

DOMINO

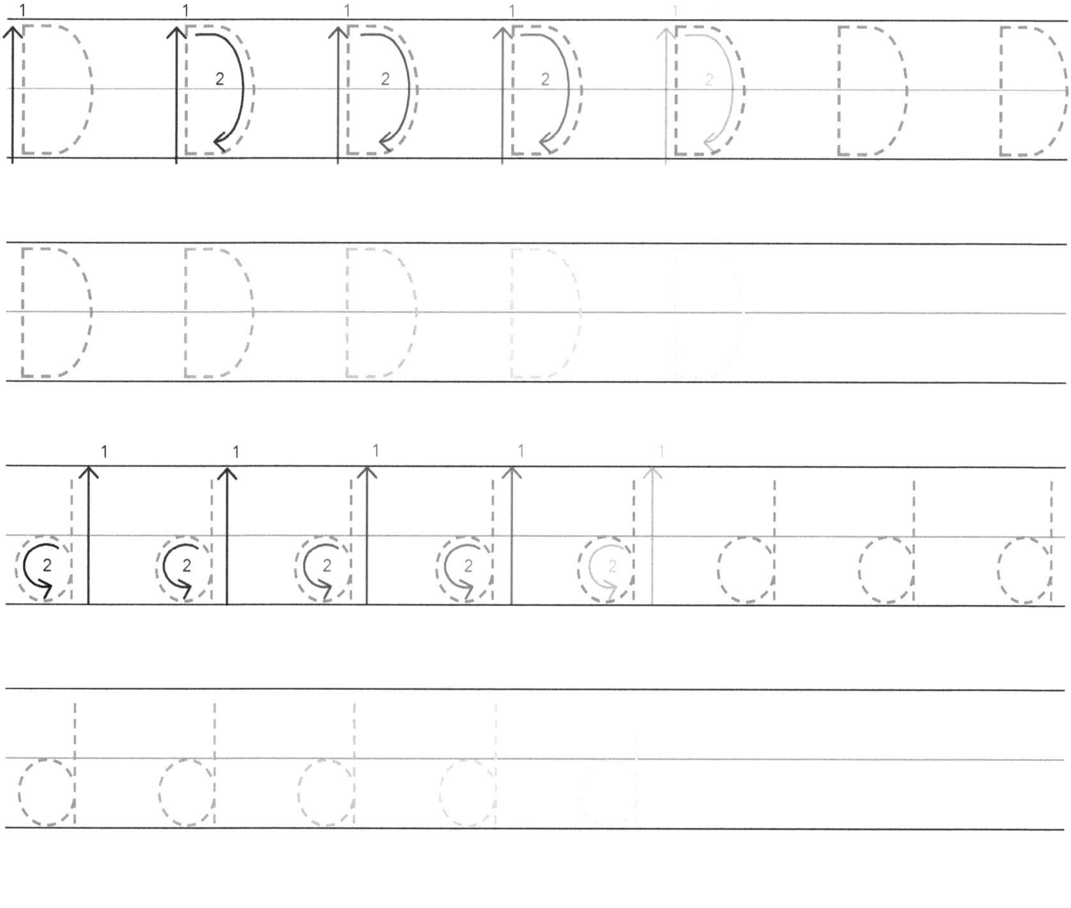

E .....

MOTS QUI COMMENCENT PAR E

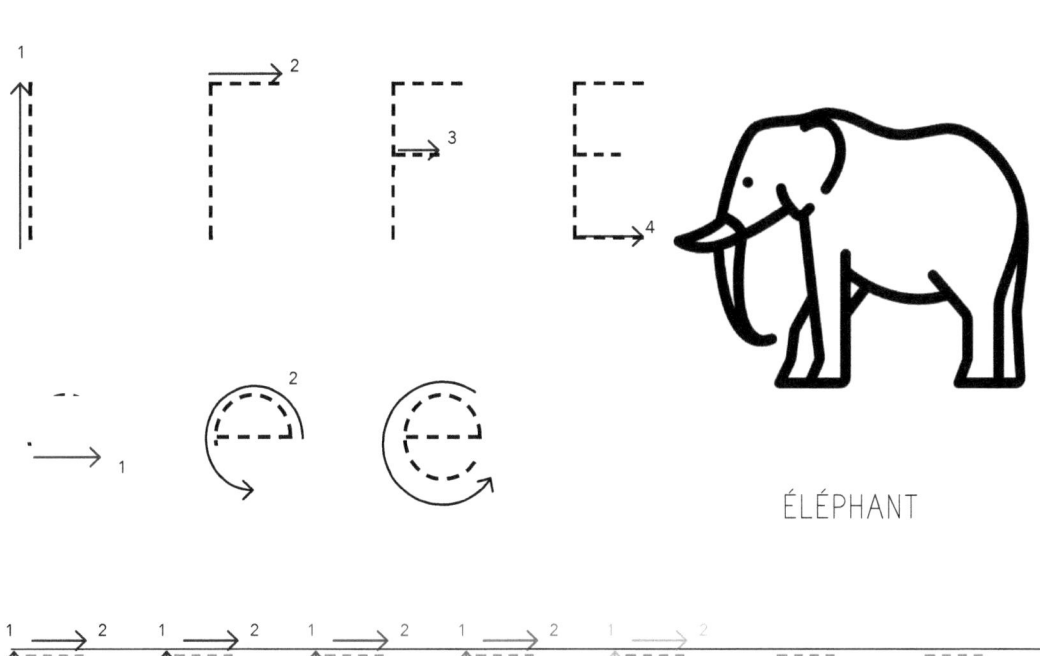

ÉLÉPHANT

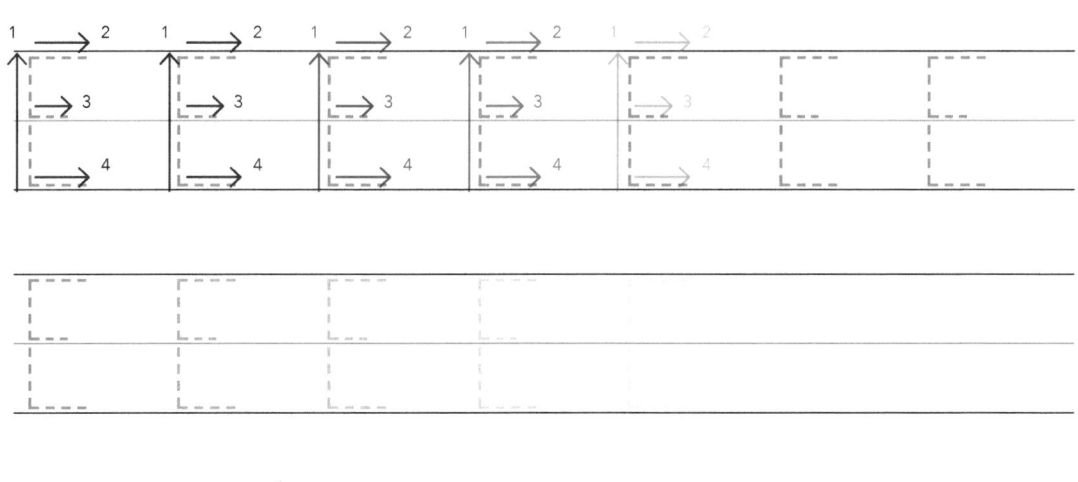

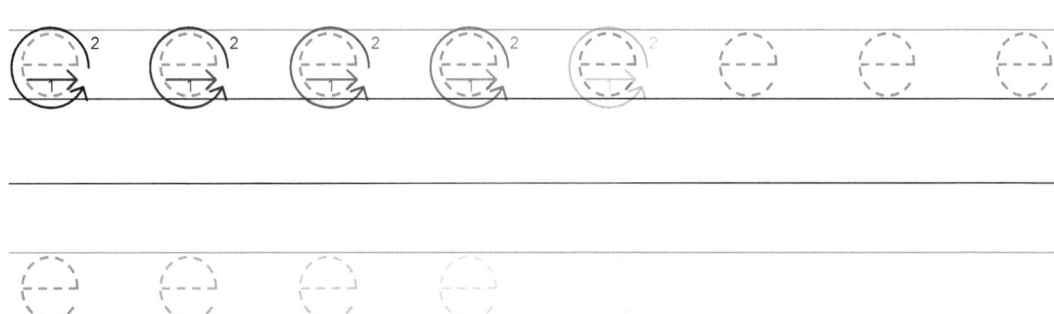

F .....
MOTS QUI COMMENCENT PAR F

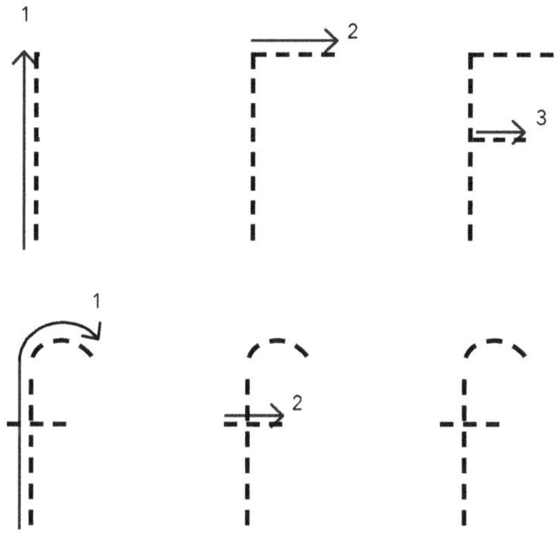

FLAMANT

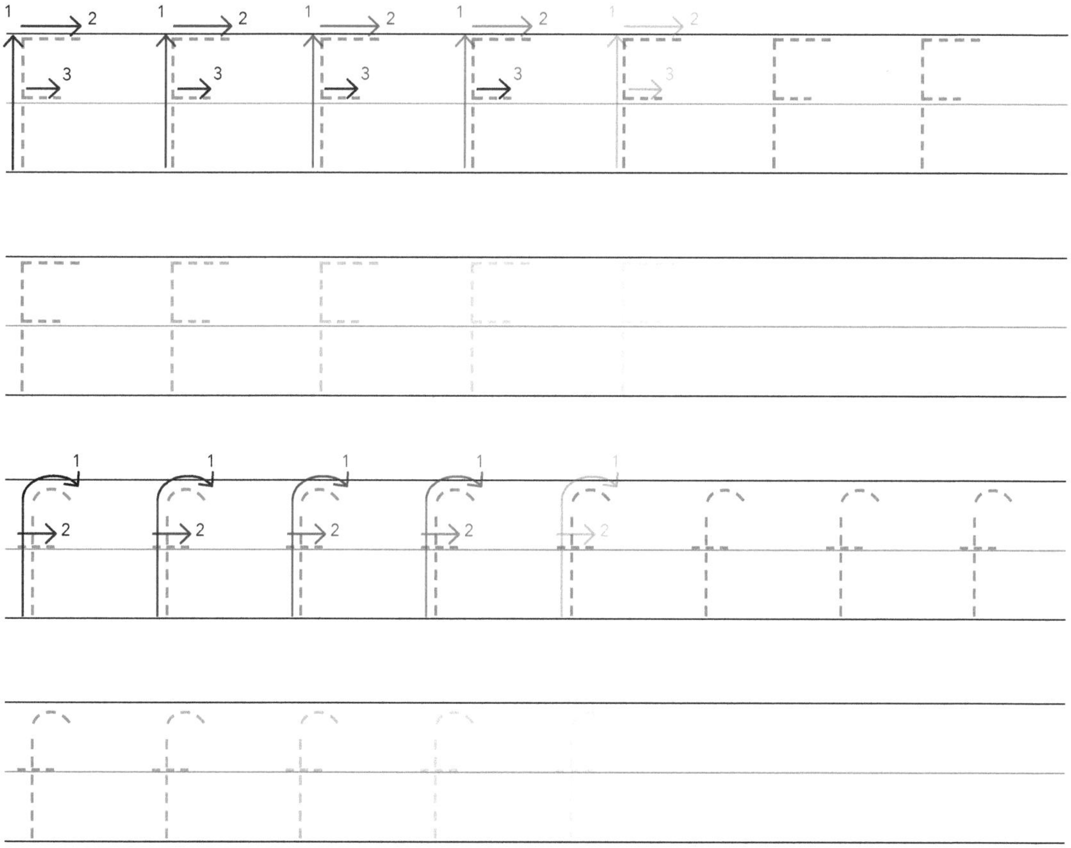

G .....
MOTS QUI COMMENCENT PAR G

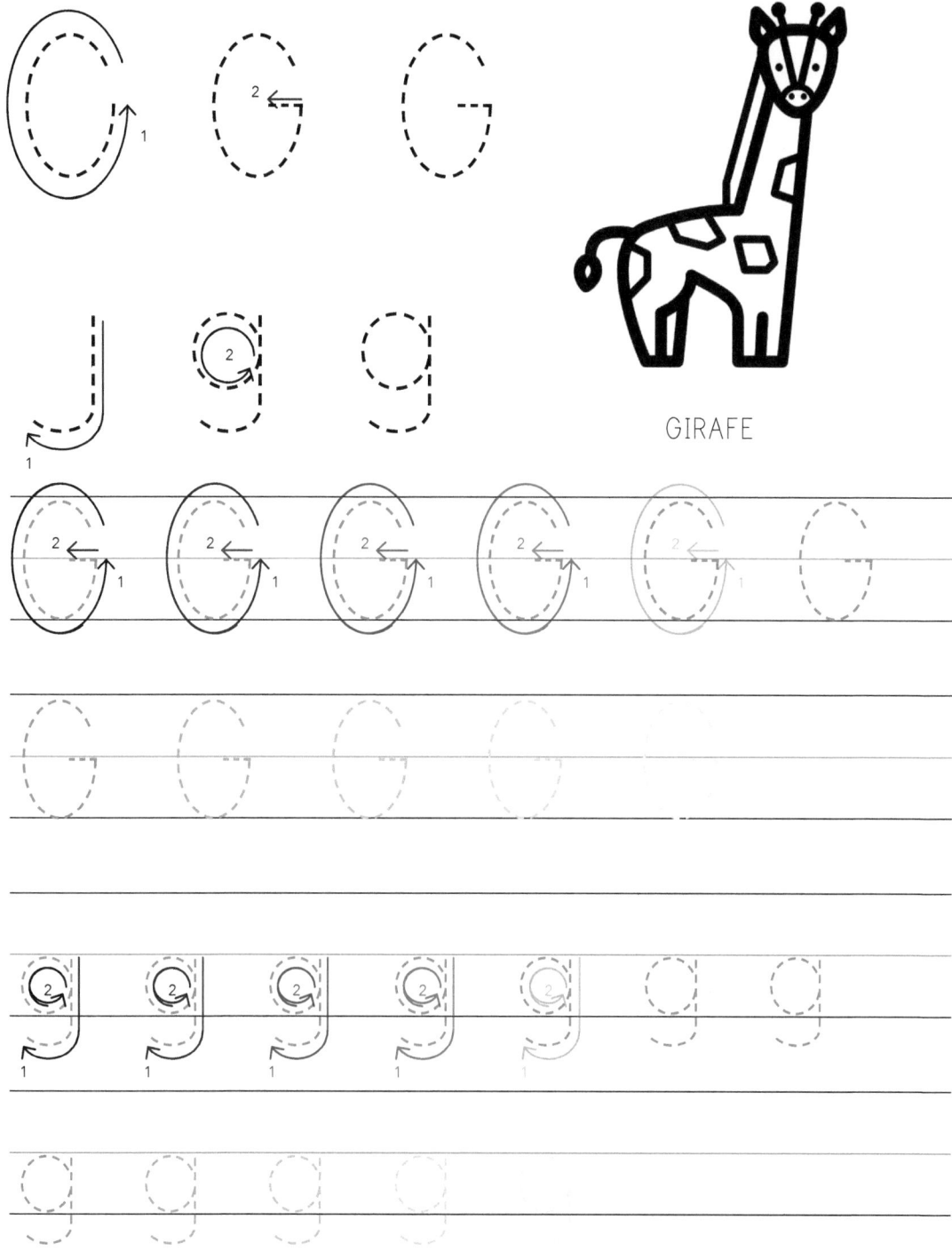

GIRAFE

H.....

MOTS QUI COMMENCENT PAR   H

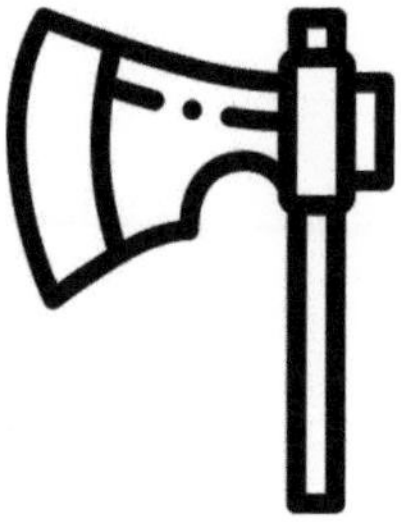

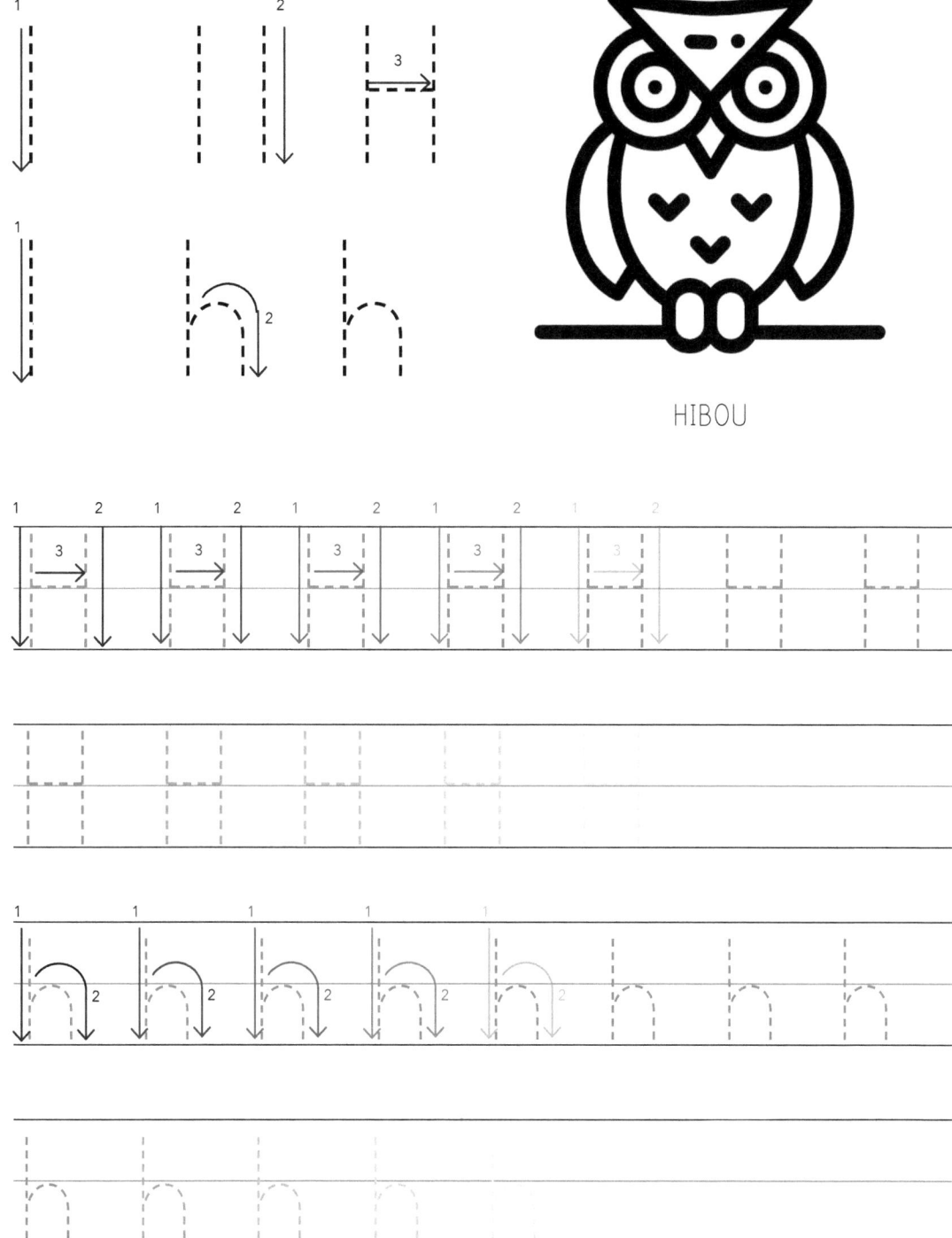

HIBOU

I

MOTS QUI COMMENCENT PAR I

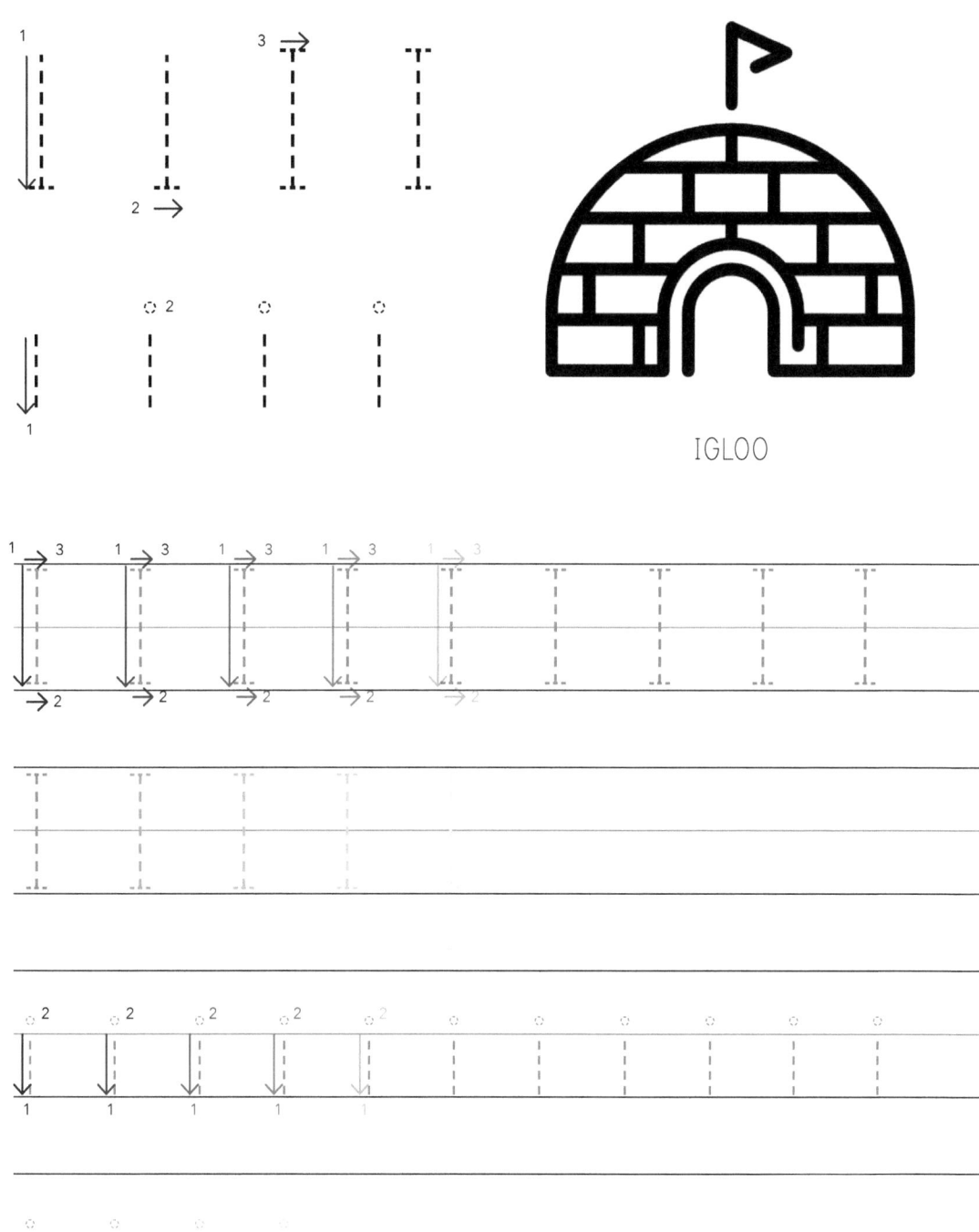

IGLOO

J

MOTS QUI COMMENCENT PAR J

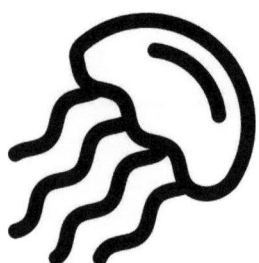

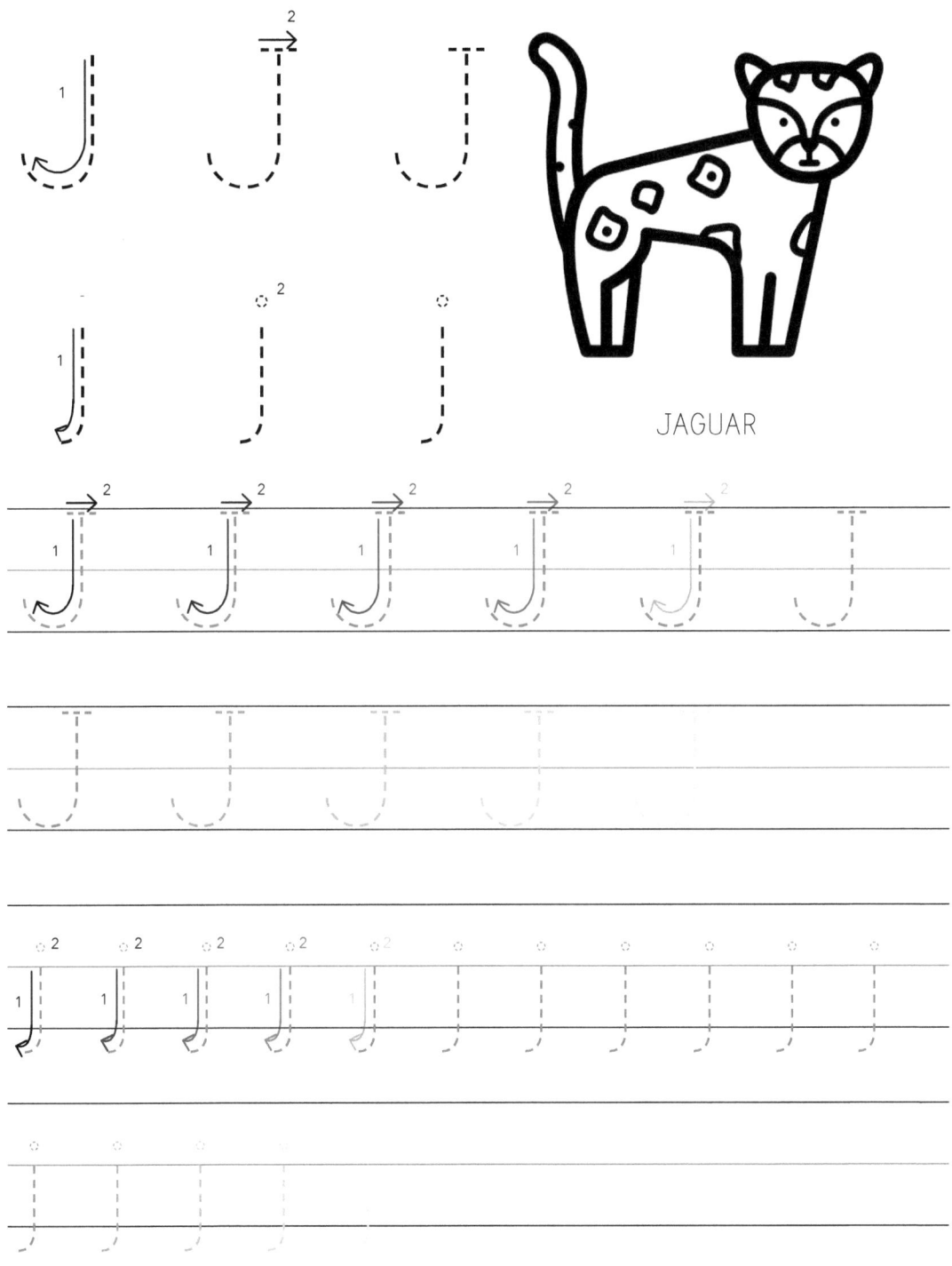

JAGUAR

K

MOTS QUI COMMENCENT PAR K

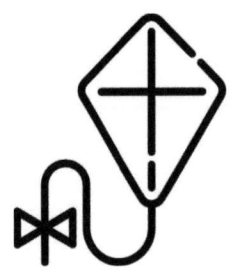

KOALA

L

MOTS QUI COMMENCENT PAR L

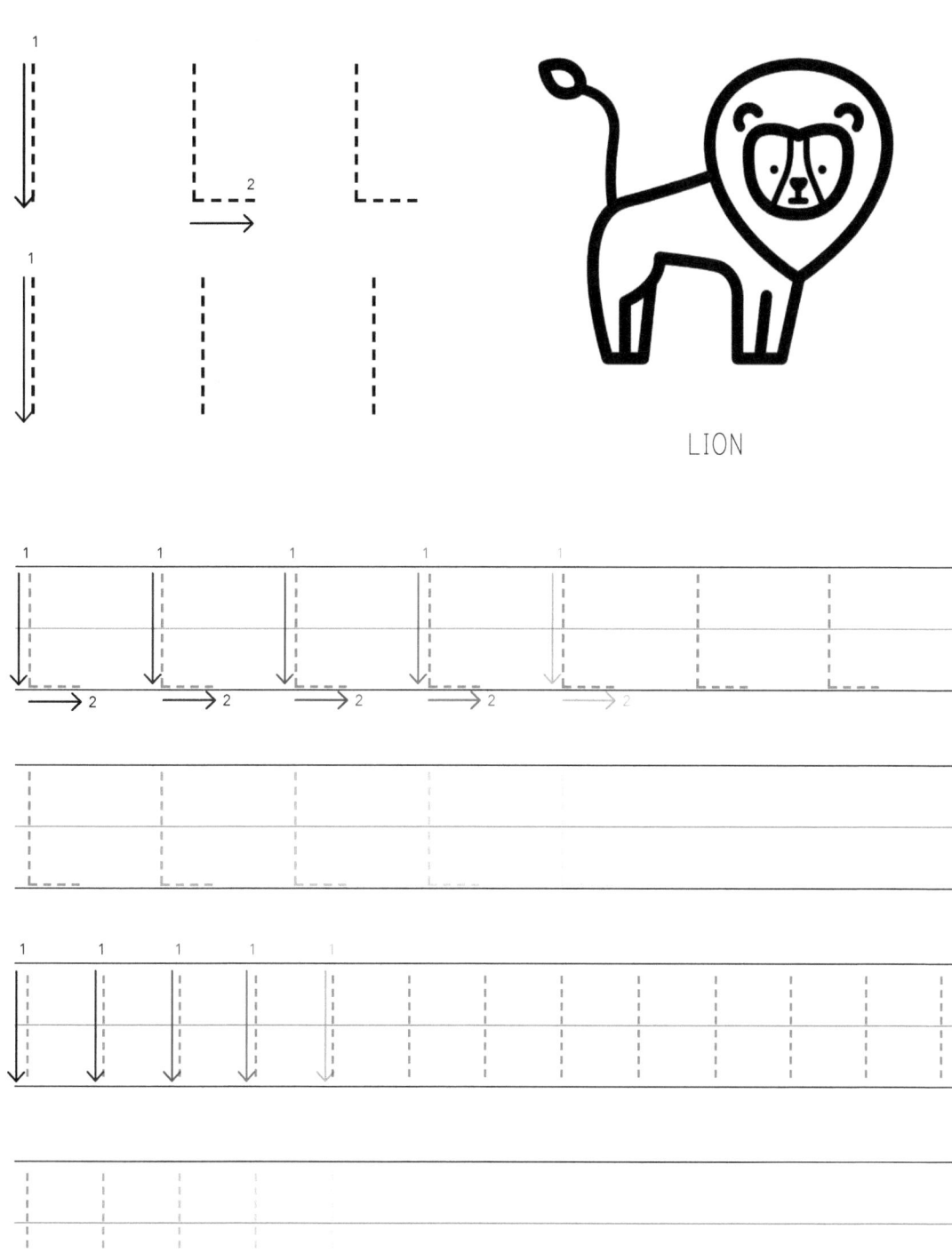

M .....

MOTS QUI COMMENCENT PAR M

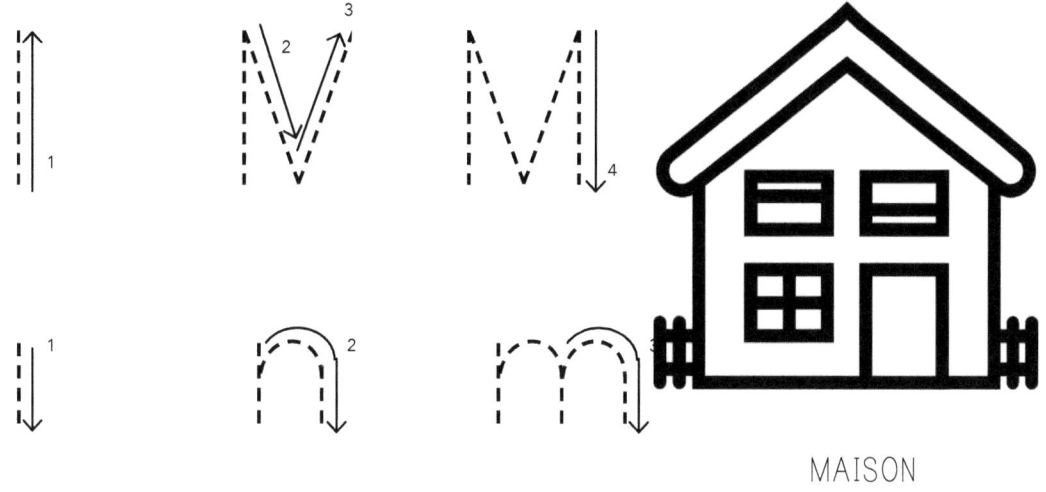

MAISON

N .....

MOTS QUI COMMENCENT PAR N

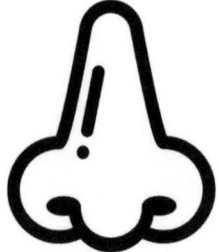
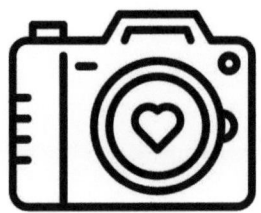

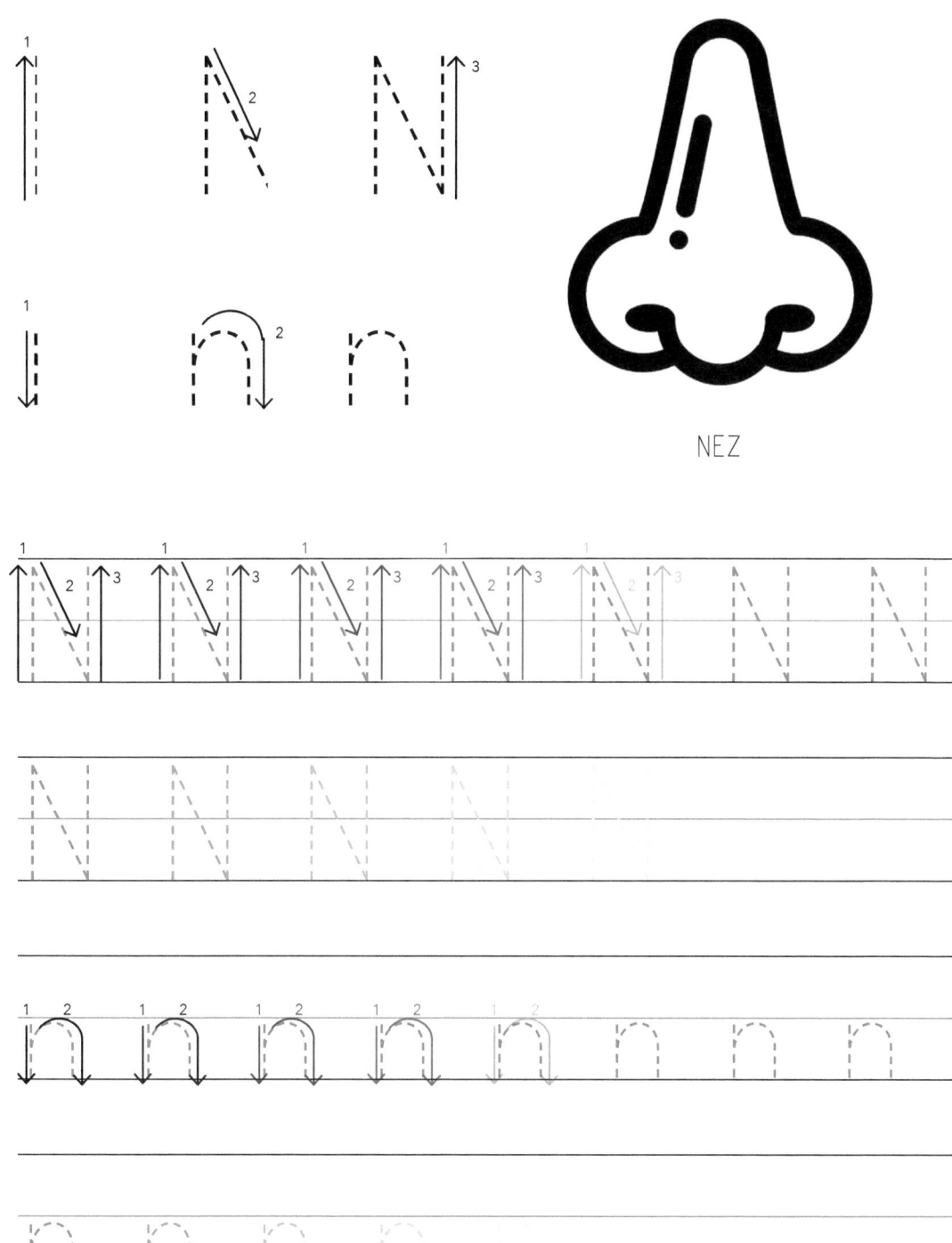

NEZ

O

MOTS QUI COMMENCENT PAR O

ORANGE

P .....

MOTS QUI COMMENCENT PAR P

POISSON

Q .....

MOTS QUI COMMENCENT PAR Q

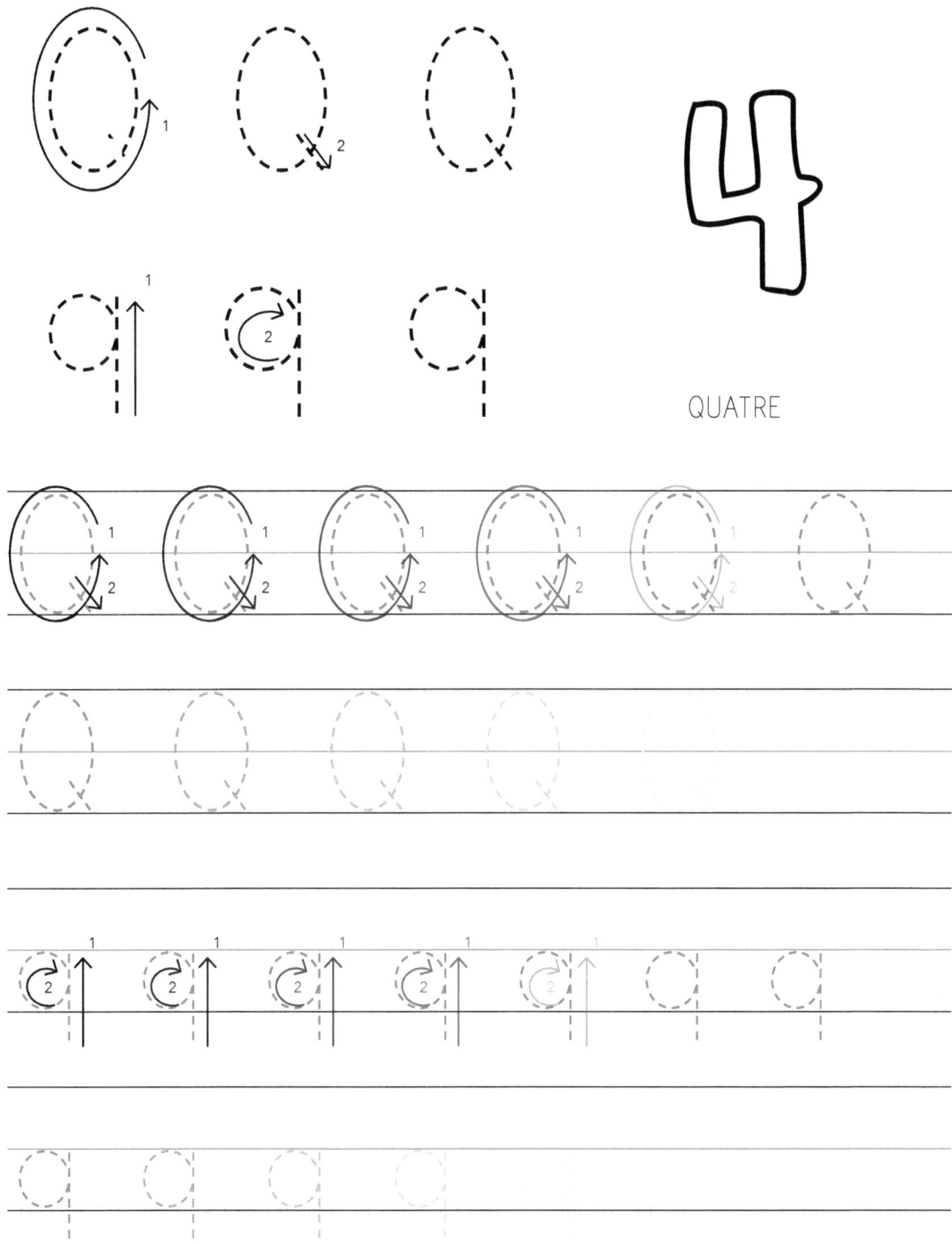

QUATRE

R.....
MOTS QUI COMMENCENT PAR R

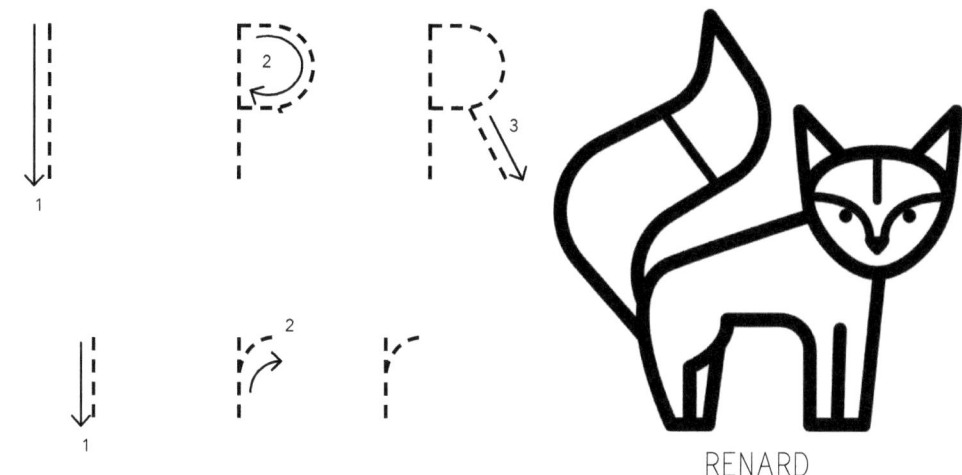

RENARD

S

MOTS QUI COMMENCENT PAR S

SERPENT

SSSSSSSSSSSS

SSSSSSSSSSSS

SSSSSSSSSSSS

SSSSSSSSSSSS

T......

MOTS QUI COMMENCENT PAR T

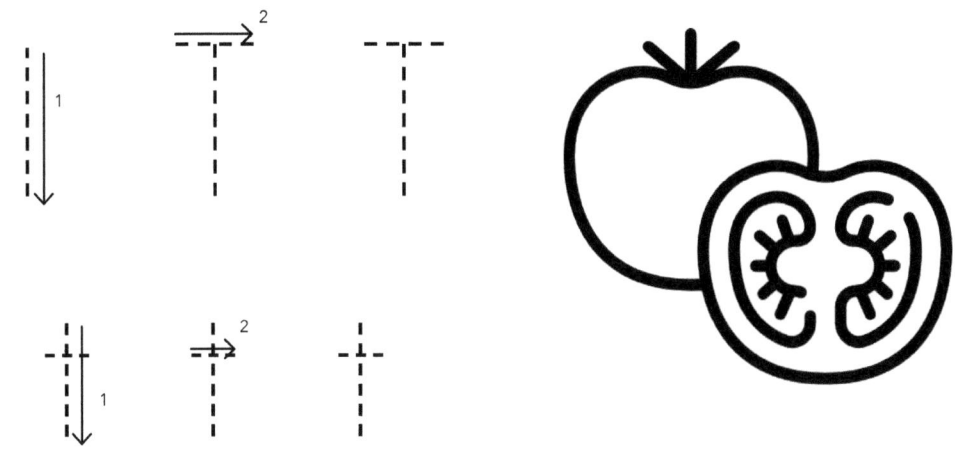

TOMATE

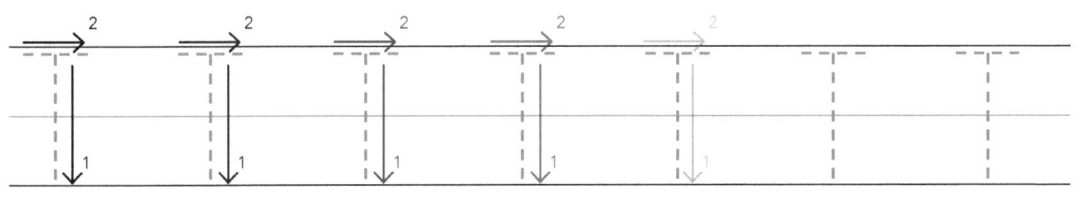

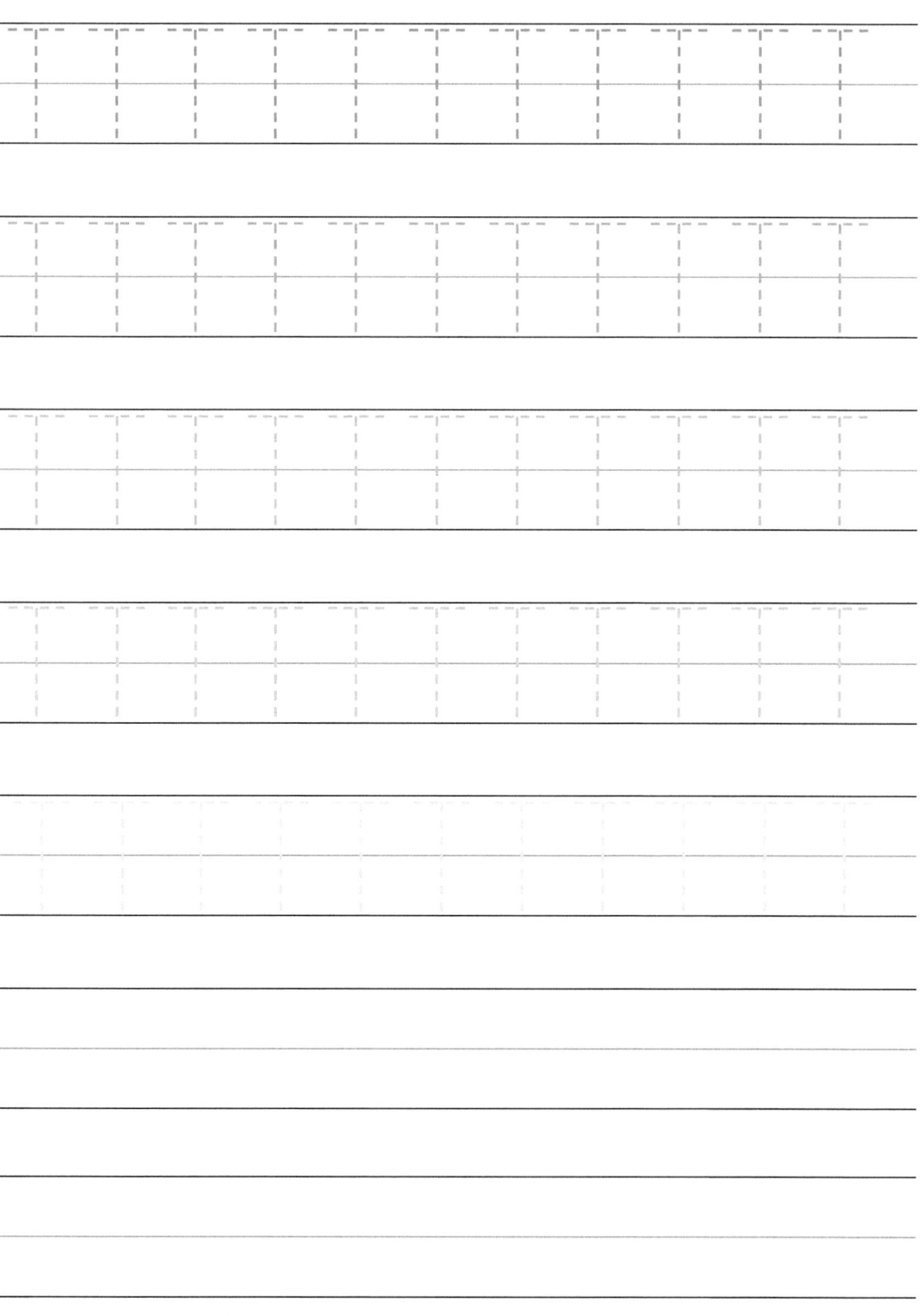

U

MOTS QUI COMMENCENT PAR U

U U U

u u u

UN

U U U U U U

u u u u u u u u

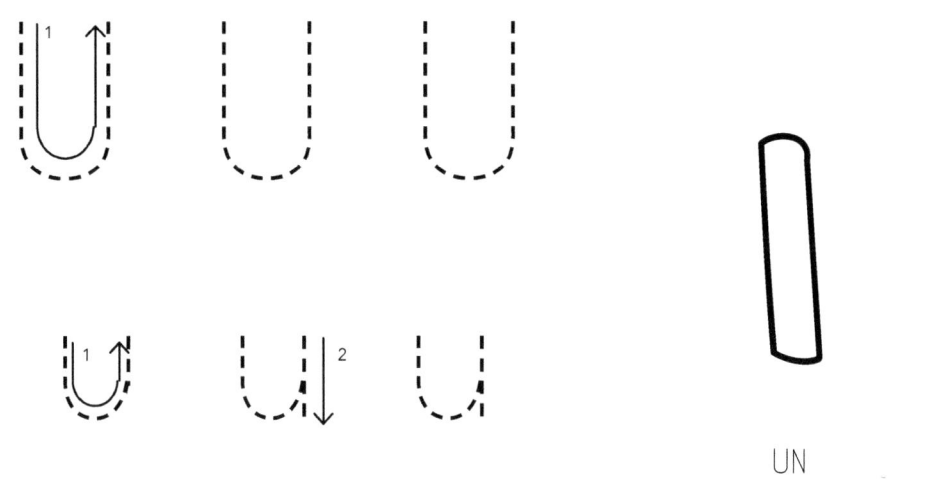

V.....

MOTS QUI COMMENCENT PAR V

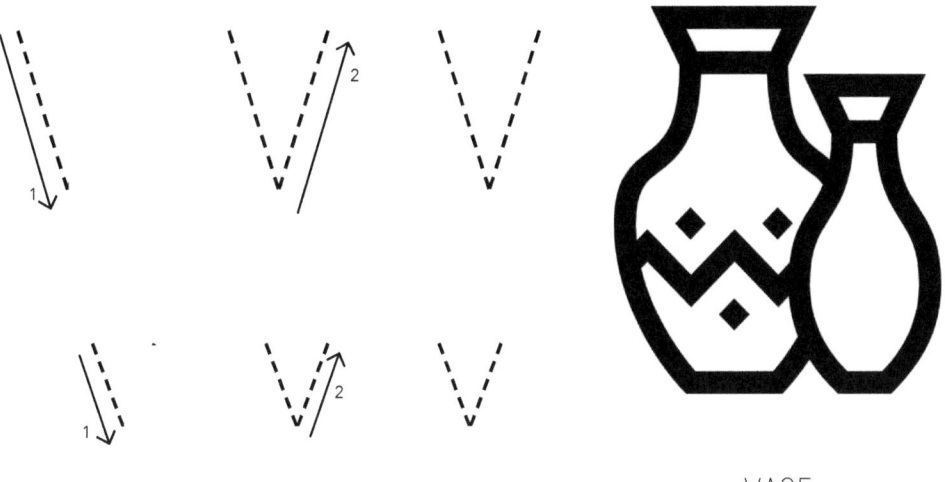

VASE

W

MOTS QUI COMMENCENT PAR W

WAGON

X

MOTS QUI COMMENCENT PAR X

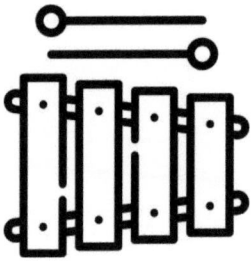

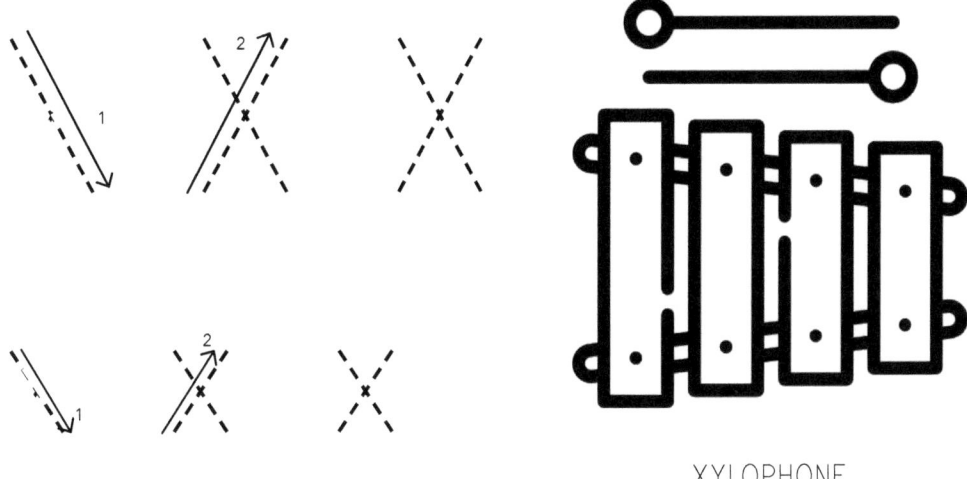

XYLOPHONE

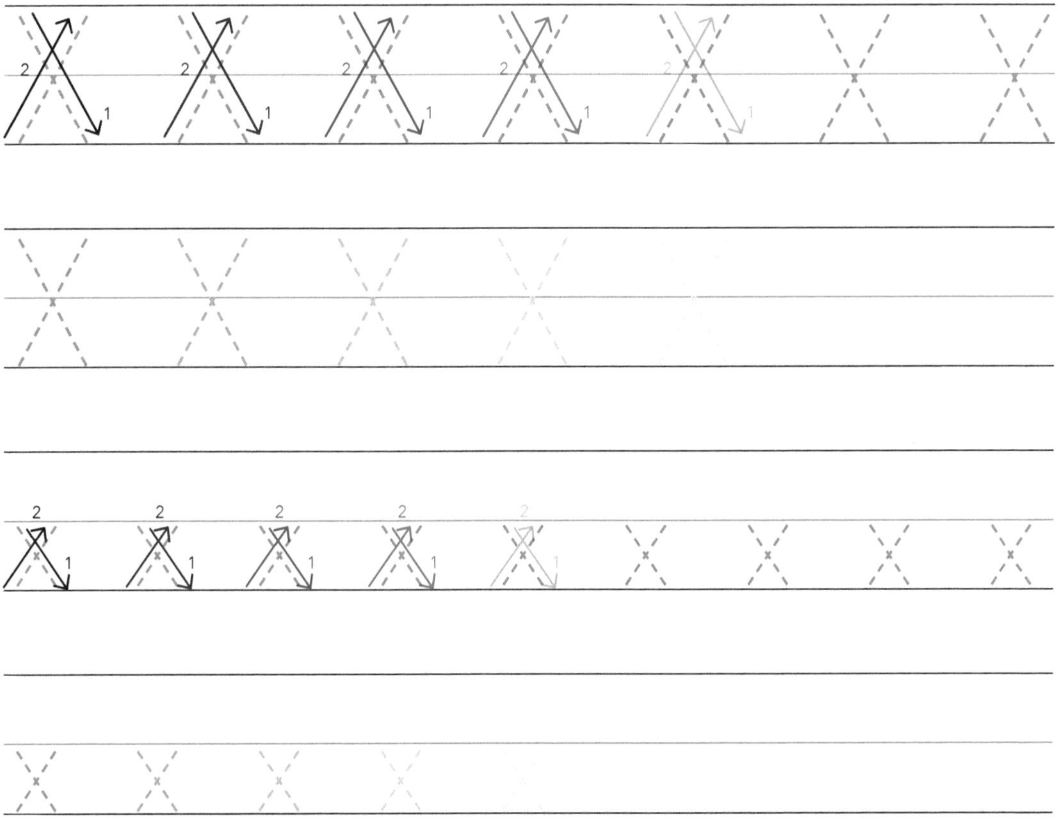

Y

MOTS QUI COMMENCENT PAR Y

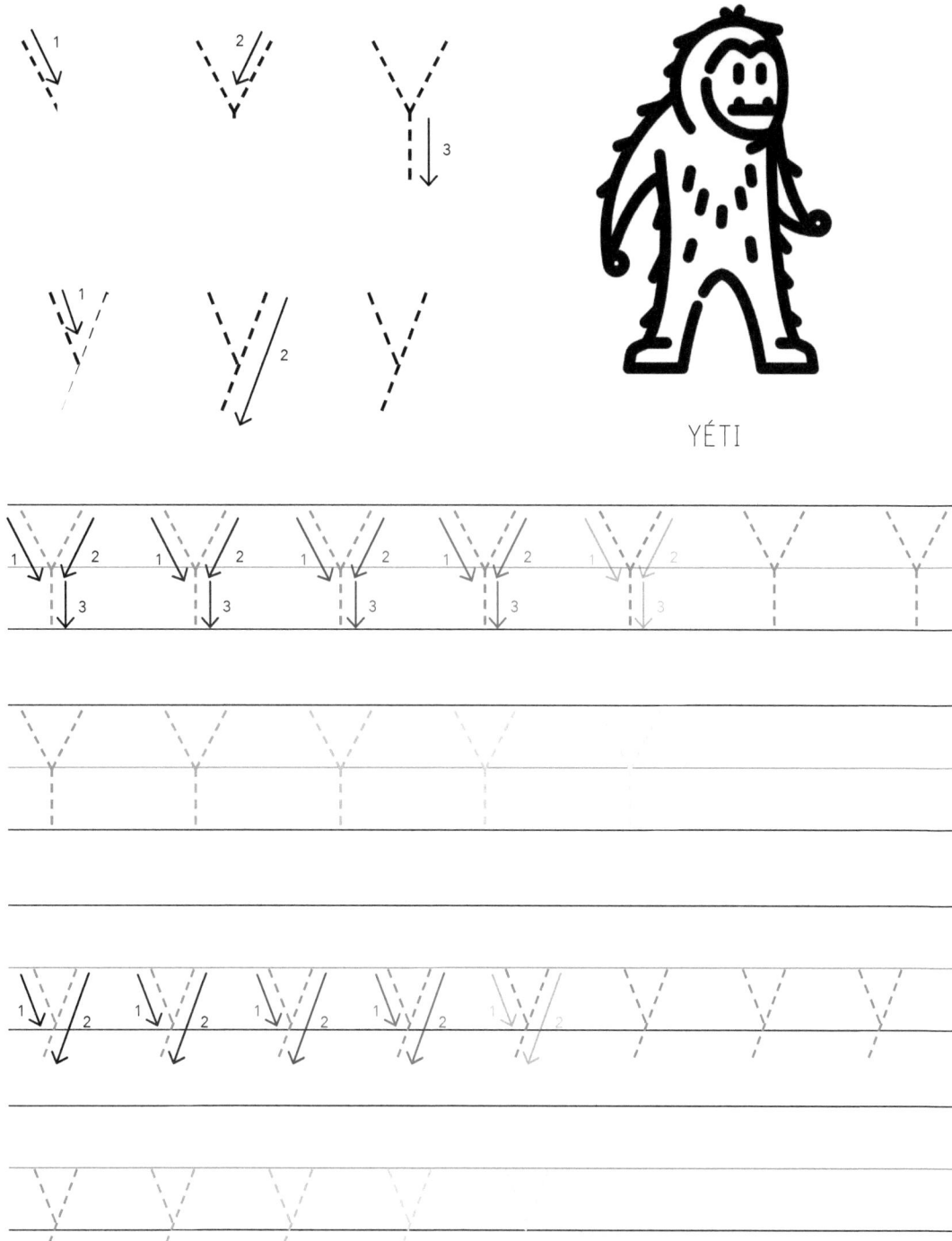

YÉTI

Z

MOTS QUI COMMENCENT PAR Z

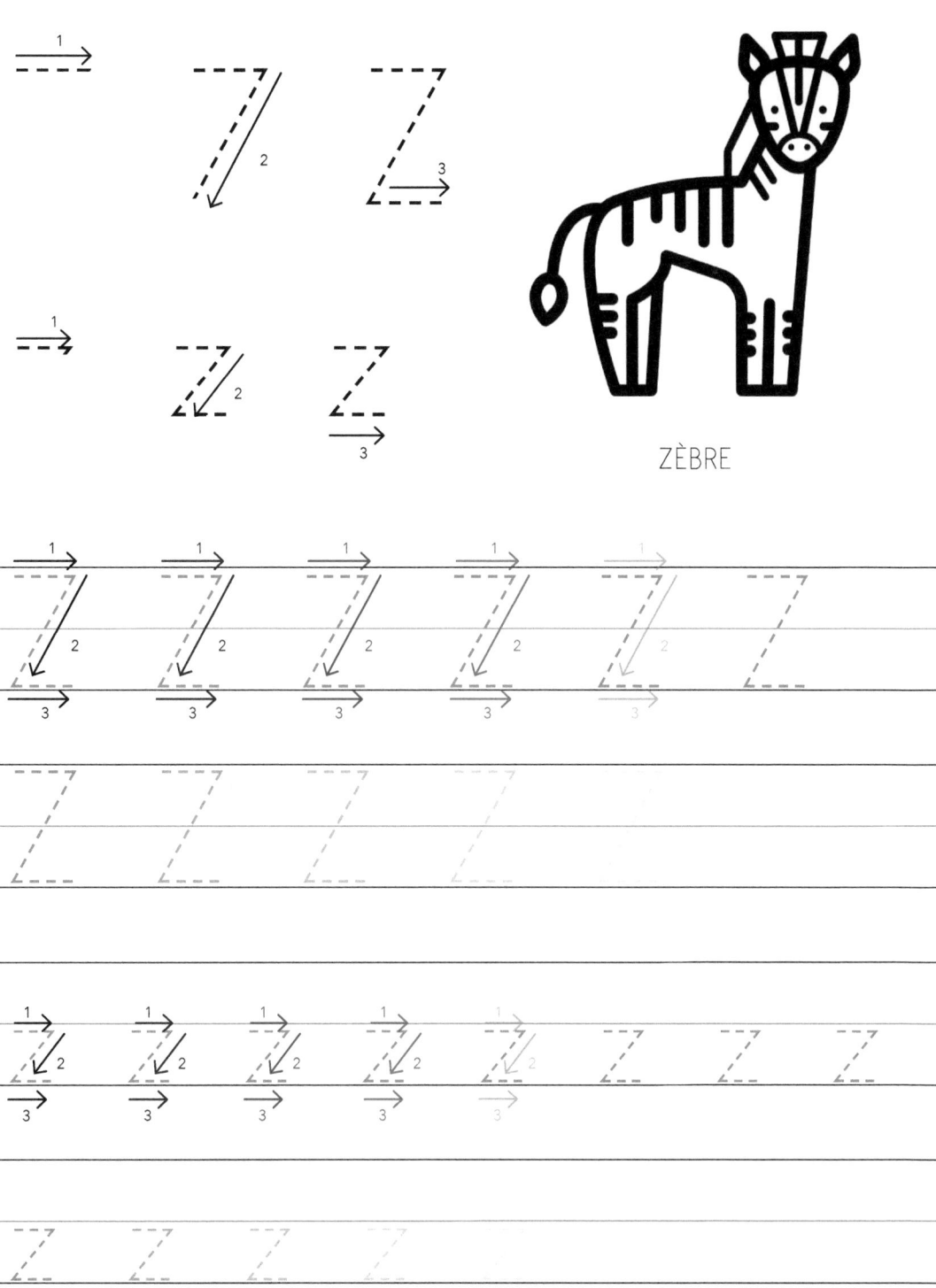

ZÈBRE

A B C D E

F G H I J

K L M N O

P Q R S T

U V W

X Y Z

a b c d e

f g h i j

k l m n o

p q r s t

u v w

x y z

Aa Aa Aa Aa Aa

avion avion

ananas

ancre ancre

aquarium

agrafeuse

Bb Bb Bb Bb

bébé bébé

bleu bleu

banane

bateaux

balle balle

Bb Bb Bb Bb

Cc Cc Cc Cc Cc

clown clown

chien chien

chat chat

caractère

chevel chevel

Cc Cc Cc Cc Cc

Dd Dd Dd Dd

dinosaure

dommage

danger

domino

dauphin

Dd Dd Dd Dd

Ee Ee Ee Ee

éléphant

eau eau eau

étudiant

enfant

entendre

Te Te Te Te

Ff Ff Ff Ff Ff

Fisch Fisch

flamant

famille famille

fleur fleur

_____
_____
_____

Gg Gg Gg Gg

girafe girafe

guitare

gomme

guêpe

Gg Gg Gg Gg

Hh Hh Hh Hh Hh

homard

homme

hibou

hélicoptère

herbe herbe

Hh Hh Hh Hh Hh

Ii Ii Ii Ii Ii Ii Ii Ii

Immeuble

idéal idéal

igloo igloo

Inde Inde

Italie

j   j   j   j   j

Kk Kk Kk Kk

koala koala

kiwi kiwi

kangourou

karaté

Kk Kk Kk Kk

L L L L L L L

lampe lampe

lapin lapin

Lion Lion

Lien Lien

Liberté

Mm Mm Mm

maison

musique

merci merci

mardi mardi

mousse

Mm Mm Mm

Nn Nn Nn Nn

Nez Nez Nez

nouille

nuit nuit nuit

neuf neuf

nombre

Nn Nn Nn Nn

Oo Oo Oo Oo

opéra opéra

orteils orteils

ourson

oeuf oeuf

ongle ongle

Oo Oo Oo Oo Oo

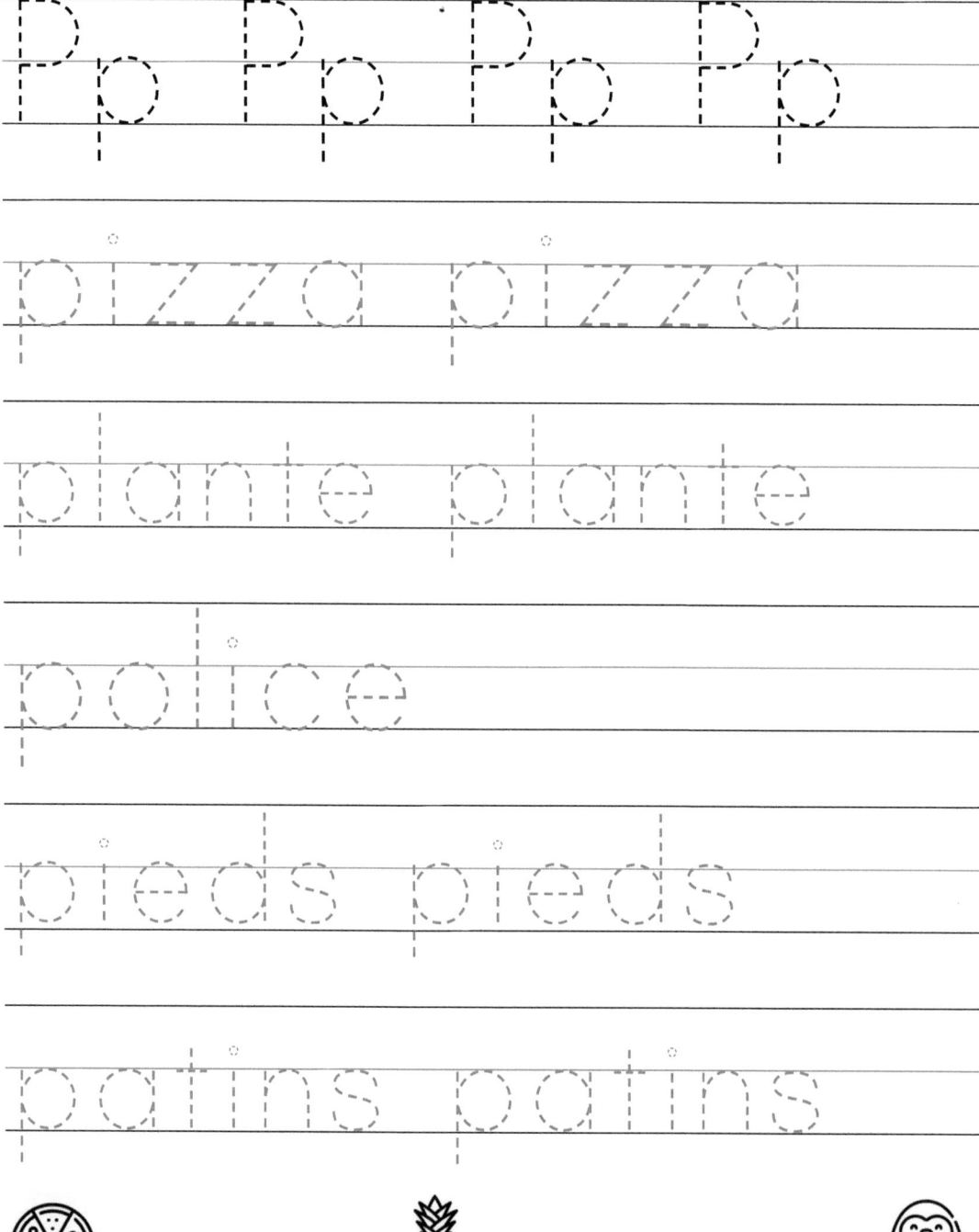

Pp Pp Pp Pp

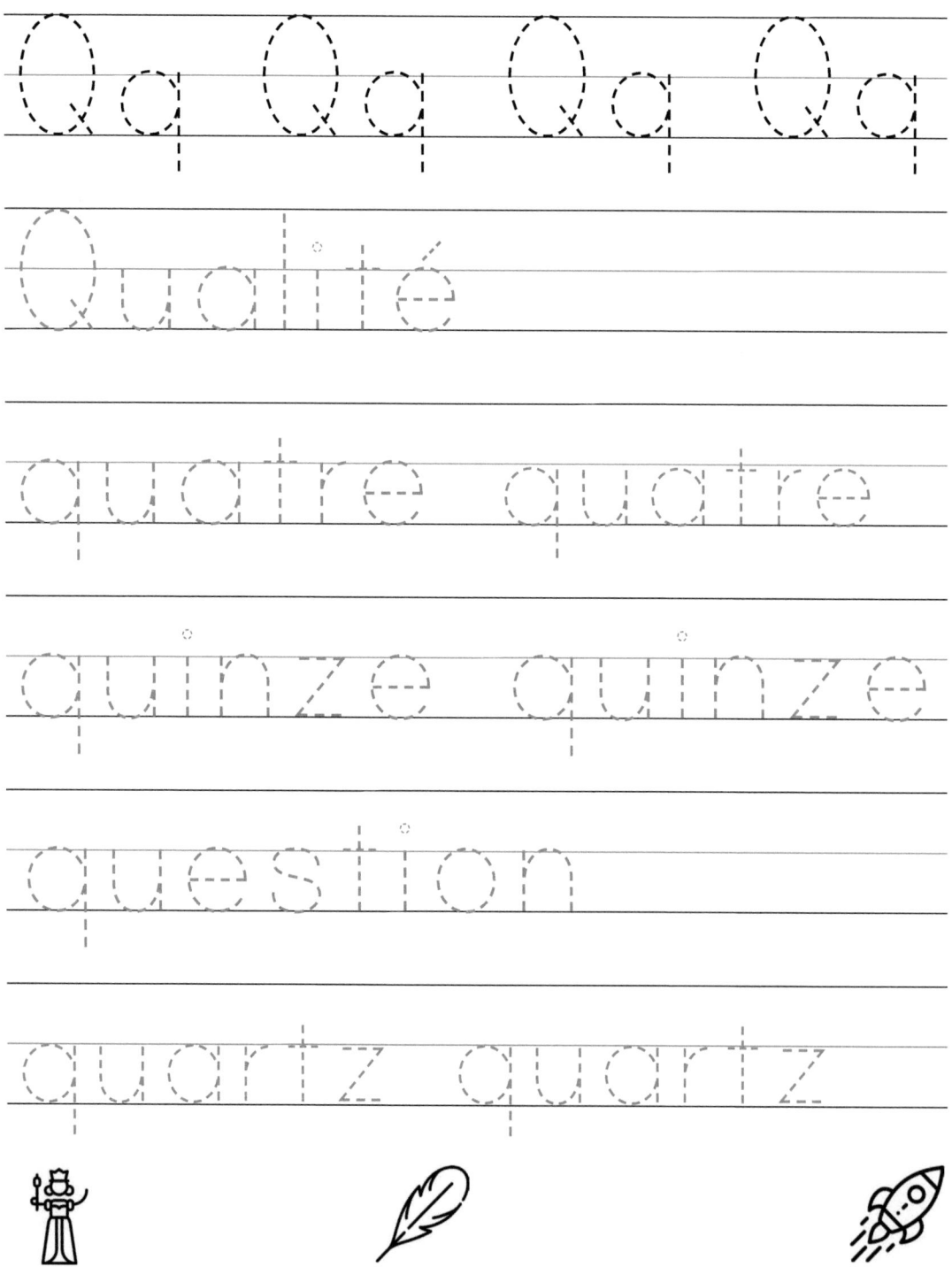

Qa Qa Qa Qa Qa

Rr Rr Rr Rr Rr

rat rat rat

racine racine

radis radis

radio radio

renard renard

Rr Rr Rr Rr Rr

  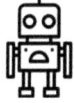

Ss Ss Ss Ss

singe singe

souris souris

squelette

sacophone

saule saule

Ss Ss Ss Ss

Tt Tt Tt Tt Tt

tatou tatou

taureau

trajet trajet

tracteur

tronc tronc

Uu Uu Uu Uu

unité unité

un un un un

usé usé usé

union union

usage usage

Uu Uu Uu Uu Uu

Vv Vv Vv Vv

Vampire

vase vase

violon violon

victoire

vin vin vin

v v v v v v v v v v

Ww Ww Ww

wagon

wapiti wapiti

watt watt

Ww Ww Ww Ww

Xx Xx Xx Xx Xx

Xylophone

Xénophobes

Xénon Xénon

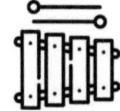

Xx Xx Xx Xx Xx

Yy Yy Yy Yy Yy

yéti yéti yéti

yack yack yack

yoga yoga

yeux yeux

yucca yucca

Y Y Y Y Y Y Y

Zz Zz Zz Zz

zèbre zèbre

zébu zébu

zéro zéro

zeste zeste

zoo zoo zoo

Impressum

Feedback:
feedback@mertens-publication.de

Edition : Books on Demand,
12/14 rond-Point des Champs-Elysées, 75008 Paris
Impression : BoD - Books on Demand, Norderstedt, Allemagne
ISBN :
9782322134243

Mertens Ventures Ltd.
Tefkrou Anthia No 2 Office 301
6045 Larnaca
Zypern
E-Mail: kontakt@mertens-publication.de

Das Werk, einschließlich seiner Teile, ist urheberrechtlich geschützt. Jede Verwertung außerhalb der engen Grenzen des Urheberrechtsgesetzes ist ohne Zustimmung des Verlages und des Autors unzulässig. Dies gilt insbesondere für die elektronische oder sonstige Vervielfältigung, Übersetzung, Verbreitung und öffentliche Zugänglichmachung.

Dépôt légal : août 2019